창 밖을 보면서

권 철 시집

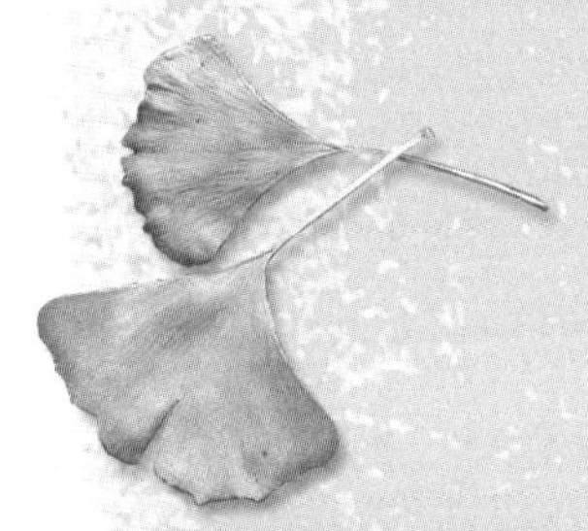

창 밖을 보면서

권 철 시집

도서출판 두손컴

창 밖을 보면서

·

2010

■ 시인의 말

시가 좋아 감히 시작을 하게 되었고,
시로서 모든 것을 끝맺음하겠다.
"공수래공수거空手來空手去"라
본시 인간은 날 때부터 가지고 태어난 것 없고,
흙으로 돌아갈 때 가지고 가는 것 없다.
오직 시만이 내게 다가오고 있다.
고통스러울 때나, 외롭고, 괴로울 때도
용기와 희망을 가지고 긍정적으로 세상을 살아가겠다.
그러다보면 시만이 남는다.
"나는 할 수 있다"라고 외치고 싶다.

– 나는 이 세상에 모든 것은
다 소중하고 귀하다는 것을 알고 있기 때문이다 –

2010년 6월 20일

– 장마가 시작되고

아파트 베란다 창가에서 바깥을 내다보면서…

차 례

제 2 부 여름

제 3 부 가을

제 4 부 겨울

| 산문시 |

| 작품 해설 |

제 1 부 봄

구구년 사월이일

아직까지 시집을 보기엔
내 마음의 더러움이 입으로 뱉어질 때까지
이르다고 생각한다.
다만 시집들을 정리정돈하고
다시 내뱉음까지 살아야겠다.
시집을 또다시 읽을 때는
삶은 봄 물결같이
다시 살아나리라 지레짐작한다.

오늘은 오전에 비가 왔다. 어제 전부터…
오늘 오후 늦게 흐린 하늘이 개 인다고 하니,
고향에 가는 나는 즐겁고 행복하다.
직장에 와서도 좋은 분들을 만나니
새삼 마음이 감개무량하다.

뇌졸중

술이 어머님을 모시고 갔다
소주가 어머님을 모시고 갔다
변비약이 어머님을 모시고 갔다
정구지 부침이 어머님을 모시고 갔다
판콜에이가 어머님을 모시고 갔다
담배가 어머님을 모시고 갔다
어머님께서는 뼈가 튼튼해지는 우유가 싫으신지
병석에 누워계시기 이전에
뒤로 미끄러져 팔을 다치시고
판단력이 없어 뇌에 핏줄이 터져 119로 불려가셨다
전날 헤어질 때
어머님께서는 얼굴이 붉으레 미소를 짓고
나를 바라보고 가만히 웃고 계셨다

봄비가 올 때는

태양이 안 비치면
내 존재는 무엇인가?
그 시공에 내리는 햇빛은
구름에 가리웠다.
비는 우울하다
허무를 달래고 있다
너와 난 따뜻한 봄비가 되어 흐른다.
막연히 슬프다는 것은
말이 안 된다.
봄비가 올 때는
괜한 투쟁이 앞선다.

슬로건

아가페적인 사랑
자꾸 허약하고 신경이 쓰인다.
약을 먹으니 그런갑다
눈이 감기고 고통스럽다.
피로하다
비만이 겁나고
운동을 하고 싶다.
그리고 몸에 해로운 건 하기 싫다
자꾸 설록차나
물을 많이 마신다.

어머니 생각하면 괴롭다
난 또 눈이 감긴 채로 잠에 빠진다
그러다 잠에서 깨어난다
또 깼다가 이렇게
연속이 되는 것이다
허벅지가 댕겨서
소변보기도 고통스럽다.
몸살기운 있는 것처럼 하다가도
글을 쓸려고 노력한다
담배를 피워서 그런가

노곤하고 아프다
회사에서 아무 일도 안하니 그런갑다
밤에 일찍 자도
회사 와서 자고 싶다
틈나는 데로 피로와 고통을 면하기 위해
열심히 활동하고
글을 쓰자

위독하신 어머님께

벚꽃 핌이 무상인가
도리어 벚꽃 짐이 서러워 허망하구나
한들한들 봄바람의 수양버들이 춤추는 것처럼
휘늘어진 가지의 봄바람에 하얀 벚잎은 지누나

떨어져 누운 땅위의 백색 희생양은
한때는 서러운 나의 눈망울을 축복하는 양,
마구 이리저리 휘날리며,
약물에 취한 나의 눈망울을 회초리 치는데…

오늘도 동백꽃은 어둠속의 고양이마냥
수줍은 공포에 봄날은 간다

바람

낙화가 머물던 자리
여기저기 새소리 들리고
수국향기는
퇴근 길 코를 자극하고
모두다 시들어가는 철쭉은
한두 송이 따른 줄기에 숨어
나의 눈에 뜨이고
졸음이 오는 오후 한나절
반공일이라 즐거운데
초여름
하늘은 흐려
선선한 바람이
간사한 인간을 가르친다네

산보

파아란 하늘의
깃털 구름은
그녀의 속눈썹같이
바람에 떠는 나뭇가지소리
숨 쉴 틈 없이 불어가고
봄비가 내렸다 그치고
또 봄비가 내릴 예정.

역시 하늘은 푸르다

봄

내가 벚꽃 길을 걸어갈 때
봄바람은
내게 속삭이듯이
꽃잎을 날린다

발자국 상쾌한 기분
또 아쉬운 봄이 지나가는가

떨어지는 꽃잎은
지천으로 흩날리는데…

애인

누구가 너와 나를 알아주겠어
심정이 착잡해
사실 난 그녀에 대해서
남들이나
친척들 간이나
부모형제에게
너무 많이많이 떠벌렸어
미안하다는 말
사랑에 대해서
필요치 않지만
너와 다시 만나면
용서를 구하겠어
정말 사랑해 –

대구형님께

대구형님이 보고 싶다.
나보다 더 나은 예술가인
그 형님을 나는 보고 싶다.
그 형님은 자상하다.
그리고 선하다.
항상 밝은 표정을 지으려고 애쓴다.
형님은 인간적인 시인이다.
모두가 공감하는
그러한 시인이시고
초등학교 선생님이시다.
내가 보고 싶다고 물어보면
자기도 그렇다고 하시면서 허허허 웃으신다.
그 형님은 나를 보고, 해바라기가 핀 담벼락에
오줌을 누면서
나같이 착한 사람은
이 세상에 나밖에 없다고 칭찬하신다.
그 형님은 인상적이다.
그리고 인상파 화가들을 좋아하신다.
그분은 예술가이시다.

미인美人

너는 어디서 왔는가
저 빙하시대氷河時代의 장벽障壁을 뚫고,
미이라가 되어
냉소冷笑와 미소微笑가 어우러지고
긍정肯定의 미학美學으로 들어설 때
나는 너를 사랑하게 되리라

극히 일부一部에 지나지 않을
너와의 그 교감交感
미美의 교착交錯을 너는 인연因緣이라 했던가
아니면 저 불모지대不毛地帶의 하이에나가
그 새빨간 혀와,
날카로운 이빨로 먹이를
잡아먹을 듯이…

너는 어디서 왔는가
미美의 그 바람직함.
사랑스러운 언어의 도착倒錯
미美의 치부恥部를 감추고,
사막沙漠의 목마른 행렬行列이
신기루蜃氣樓를 보듯이 정신없이
하얀 베일에 쌓여
시원한 바람에 나부낀다.

무제 · 5

정녕 나를 괴롭히는 혼돈이여. 번뇌여, 절망이여. 어찌 하면 좋은가. 머리가 아파서 괴로워라. 쫑알대는 종다리, 바위에 핀 진달래, 눈부셔 바라볼 수도 없구나. 봄은 한껏 느껴운데 제비는 얕게 날으네. 희망을 다오. 다시 살아나야지. 사랑이란 좋은 것. 글로 표현해야 무엇 하리. 웬지 시詩 한 수에 아픔은 삭아질거라고 위안하며 마음을 읊고 싶구나. 속삭이는 언어言語들. 산천초목山川草木이 되살아 난듯 하구나. 옛적에 충청북도 괴산에 별총총 박히 밤하늘, 소쩍새 훌쩍훌쩍 밤새워 흐느낄 때 홑이불 삼켜가며 나도 듣고 울며 잠을 청했지. 기어가며 우는 너를, 심장을 매질할 만큼 추억을 읊으며, 찬란하게 불태웠지. 아침이면 태양은 말끔히 피를 말리고, 아! 살포시 왔다가 가는 정녕 나의 번뇌煩惱여, 공포恐怖, 절망絕望이여. 그리운 나의 봄자락이여!

pm 2:10. 1994. 4. 27 哲

삼월보름

보름달은 아름답고 밝기만하다
달무리 옆에 하나의 별은
내 마음의 눈물인양 서로서로 조화를 이루다

보름달은 성근별님과 내게 인연이 퍽 깊다
모습을 바라보면 볼수록 우는가 웃는가 의문스럽다

슬픈 보름달과 성근별은 나를 울리며 저 멀리 떠있다
떠가고 있다

달밤과 하늘에 하나뿐인 성근 별님은
내가 잠 못 이루어 밖으로 나가고 싶게 한다

그래 울음은 멈춰야 하는 거야
진정으로 눈물이 무언가 알 때까지…

떠오르는 데로

난 나대로
넌 너대로
(안개비 흩날리는 이정표에는 지명이 없다.
당신은 늙음이 없는 곳에 산다고 들었다.
그렇게 알고 있다. 봄이 되니 치아가 좋지 않다.)
어머님 지병이 낳을 수 없을까?
부처님께 축원하고
관음보살님께 염원하자.
난 나대로 의식이 있고
넌 너대로 갈 길이 있지
오늘 기후는 초여름 같다
(온도가 이대로 떨어지면 감기가 걸리지)
넌 멀리
난 가까이
손을 내밀어 악수하자
젊어서 떠난 고향
이제는 타향 같다

봄 · 1

1
언제였던가
찬란하고 영화롭게 불타듯
벚꽃은 이른 봄 햇빛에 만개하여
보는 이들에게 자양분을 주듯이
아니 어미 품에 안겨 모유를 먹는 애기처럼
간혹 새들도 지저귀면서 배가 고픈 듯
백설기 같은 벚꽃을 먹다가
일벌처럼 꿀을 토해내는 듯한
죽은 듯 노래하는 어느 날 오후엔
"봄이 너희들에게 화사한 생명을 주었구나"
하고 찬탄할 날이 언젠가는 오겠지

2
시간은 약속을 기다리기나 한 듯
조용히 흘러가고 아름다움을 뒤로하고는
비바람에 떨듯이 공포에 흩날리며
기상악화에 늦잠을 잔
천 년 전 중국의 시인 "맹호연孟浩然"처럼
"지난밤 비바람에 꽃들은 얼마나 지고,
새가 여기저기에서 우는 소리를 잠결에 듣는다"하는
춘효春曉의 이상향을 안겨나 주는 듯이…

3

오! 게으르고 시간 많은 시인들이여 –
오늘만은 빛나는 결정의 시공을 되돌려나 줄 수 없을까?
대자연大自然을 탄생시키는 황홀함에 넋이나가
조용히 담배를 피워 물며
인생人生을 서로 토로할 수 있게끔 말이다

봄비

오늘저녁 늦게야 하늘이 우는 줄을…
아래께 돌풍과 더위
오늘도 바람은 잠잠해도 무더워
저녁답에야 소나기 같은 비. 비여 –

올해는 장인어른 칠순이다.
차량들은 어두운 길 위를 매끄럽게 흘러가고
불빛은 이슬 맺힌 눈물이어라.
또 보고 싶어 달려가노니…

봄비 · 1

시 한수를 강 선생님께 보냈다. 베란다에서 담배를 한 개비 피우며, 이렇게 가로등 불빛사이로 창가에 빗물이 여울지는 밤비 소리를 들으며, 아! 그런가! 비가 오는 밤은 너무나 아름답다! 하고 감탄하다. 비 내리는 밤하늘마저 사시의 한 후손으로서 하늘을 우러러보매 부끄럽지도 않고, 두려움도 없고, 창밖의 모든 곳에 내리는 빗소리는 한 극단의 오페라 같다. 공부를 마치고 집으로 돌아온 딸아이가 오니까 우리가 사는 아파트 실내가 밝으며 사는 맛이 난다. 병석에서 아파하시며 눈 못 뜨는 어머님 얼굴에서도 봄비가 스쳐지나가고, 바깥은 조금 춥지만 천사가 날아다니는 천국 같다. 나도 모르는 창밖의 싸늘함은 실내에 들어와서야 싸늘한걸 알게 되었다. 난 이제 추워서 베란다에 나가 앉을 수가 없다. 유리창에 다가와 눈물 흘리는 봄비는, 봄비는 사무치게 그리워 한탄하는 내 마음과 같았기 때문인 것 같다. 오늘밤은 축복받은 밤이고 고마운 밤이다. 왜 아폴리네에르가 비가 오는걸 "축복받는 해후"라고 시를 쓴 것을 알 것만 같은 밤이다. 눈물이고, 기쁨이고, 명상에 잠기게 한다. 소중한 한 방울 한 방울 천사님께서 축복을 주시는 것 같다. 속으로 속으로 울음을 삼키며 평범한 것부터 이렇게 사물이 아름다워지고 서정적이고 낭만이 흐르는 이 봄비 오는 밤을 위하여……

봄비 · 2

봄비가 흐릅니다
재잘거리는 새소리 안 들리자
기계문명이 시끄럽고
방울지며 또르르 흘러내리는 전깃줄 위에도
때로는 만개한 벚꽃위에도
화단에 산에 흐드러지게
눈에 안 뛰는 가련한 참꽃위에도
부드러운 꽃잎을 씻어주고
노오란 개나리 꽃잎위에도
비님에 놀란 나의 눈동자에
어린 시절의 동요가 확 들리어오고
이별하는 버들가지 녹색으로
새로시 줄기 따라 흘러내리고
활짝 핀 목련 위에도 나비처럼 몰래 내려앉고
주르르 산수유 밑으로
산에도 들에도 온통 비가 내립니다
난 사실 날씨가 흐리기에
막연히 봄비가 아닌 줄 처음엔 착각했죠
"그냥 그렇구나"하고 막연히 생각했었죠
삼월 마지막 날 오는 봄비는 너무나 처연덕합니다
내년엔 어떻게 될는지 모르지만…

아마 이렇게 이런 식으로 봄비가 내릴까? 하며
내심으로 중얼거려요
비님은 고마워요
“대지와 하늘과 시공 속에서
시간과 공간속으로 사라져버리는
겸허한 인상을 남기는
유창한 말솜씨는 이해할 수도 없으며
그녀의 파아란 줄이 그어진 여러 개의 옷 주름과
웃으며 진정을 내보이는 피의 만남
하얀 어깨 위로 상상되어 보이는 아름다운 가슴
비웃음, 고뇌, 질병, 첫사랑, 하얀 의식,
자연스럽지 않는 듯한 공포감마저
사라지는 언어사이로 투명하게
가슴은 맥없이 무너져 내리고
뚫어져버린 가슴으로 다가오는
과거와 현재와 미래의 모든 것들”
저는 봄비가 시차를 오버하며
이렇게도 차갑게 내 마음을 어루만져 주구나 하며
또 기다립니다. 기다림이란 저의 모든 것이죠
가을이 아닌 봄에, 봄비에 젖은 수위실 위의 태극기를 보면
그 옛날 초등학교 때의 수학여행 중

중앙청의 깃대를 올리고 내리는 그 아저씨의 말씀
친구들은 모두다 사라져버리고
지금 만개한 벚꽃잎이 지려고하는 아쉬움에
과연 그 실망은 며칠을 갈까? 하면서
지나친 고통의 아쉬움 속에
봄비사이로 시간은 달려가고 시차는 이미 벌어져 있었죠
봄은 봄비를 동반하여 이미 시공 속으로 달리고 있었죠

四月의 日記

1
초저녁 창문을 두드리는 검푸른 님의 소리
비바람 부는 바깥에선 여전히 시끄러운데
마음은 어둡고 갑갑하여
인상적인 시심詩心은 떠오르질 않고,
언제이던가, 저녁을 먹고 후식으로 딸기를 먹으며,
진지하게 형수님과 이야기했던 어머님의 건강이,
예측대로 하루아침에 뇌졸중으로 쓰러지셔서
구년九年째 생사고락을 하시는 어머님의 눈물진 모습
"생로병사生老病死" 사람이라면 누구나 한번은 가는 길
살림을 떠맡아 형님과 형수님은
아버님, 어머님, 동생들과 여동생 수발에 고생하시고
외롭게 고향으로 떠나버리신
아버님께서는 전원으로 돌아가셔서
번뇌와 객수 때문에 한시도 편안하게 잠 못 이루신다

2
거기다 사업에 신경 쓰는 형님은,
회사에서 나와 부딪히면 나 같은 시인詩人 때문에 서로 실없이 계면쩍고
왠지 형님이 안계시면 나는 어떻게 되는가? 하는

저 작년 마지막 날, 매형의 걱정 같은 이야기는
지금은 쓸데없는 헛소리에 불과하고…

3
시인詩人은 집에 돌아와서 저녁을 먹고는 하는 일없이,
베란다에서 담배만 축내다가
잠자기前 한두 시간은 시름에 겨워
고통스럽고, 괴롭게 잠이 들어
다음날 늦잠에 새로운 봄날은 자꾸만 맥없이 지나가고
지금 창밖의 비바람에 마음만 자꾸 무거워질 뿐…

4
하지만 나의 시詩는 살아난다.
혼신의 힘을 기울여 체력과 정신력이 다할 때까지
죽을 때까지 펜을 놓지 않으리라

5
일단 비가오고 밤새 외롭게 내리다 그치고 나면
다시 대기는 맑아지니까
또다시 다가올 야망 찬 신록新綠이라면
활짝 웃으며 즐거이 대해야겠지

기상예보 데로
내일 오후 비가, 어두운 비가, 활짝 개인다면
녹음이 짙푸른 산山으로 발길을 재촉해야겠지
아쉬운 꽃들이 저버린 숲길로
맑은 공기, 새소리 유창한 산길로,
이제는 "봄"이라는 계절을
즐겁고 쾌활한 마음으로 맞아들여야겠지
새로운 신혼부부가 탄생하여
신방을 꾸려가듯이 보금자리를 찾아야 하겠지

제 2 부 여름

가뭄해갈

이름 모를 새들은
낙뢰落雷에 놀래
비를 맞은 채
울고 있었다.
전깃줄에
앉아있는
새들을 보니
새끼들 줄려고
주둥이엔
먹이가 있었다.

모정母情이라 무섭다.

방콕의 밤

여기는 태국이 아니야
창가로 짓누르게 달리는 퇴근길의 버스안의 풍경을 보라
칠흑같이 어두운 그 밤
방콕에서 본 버스에 탄 채 실려 가는 그 여인
샤워시설도 있는 듯 없는 듯
시간이 없는 양
기억에만 존재하는 듯
먼지와 스모그만 날리는…
하루하루가 고통스럽게만 보이는 듯
씻을 시간도 없는
그렇게도 내 자신이 게으른 듯
고가도로 밑으로 원동기가 질주하고,
앉을 곳도 없고 의자도 없이 서서 실려 가는 퇴근길의 태국여성
그날도 나는 의아해했다
여기 대한민국 부산광역시 연지동 나의 집은,
창 너머로 긴 차량소리가 숨너머 끝 간 데로 들리는 듯 괴로운,
먼 울음소리만 기억에 남은 채 이명의 뒤끝만 괴롭고
그렇게 방콕의 밤은 흘러가듯이
네온사인 하나 없는 도회지의 밤거리를 걸으며
깊은 이미지만 살아남아 이렇게 나의 기억에 남을 줄이야 –

불면 · 2

길게 들려오는
밤기차 기적소리
창가에 나타난
온 머리를 지글지글 뽁은
이화여대생의
아름다운 뒷모양
내일을 위하여
자야하는데…
잠이 오질 않아

일기

내가 앉아 쉬는 곳은
베란다 등나무의자
날마다 보는 것은 수위실의 벚나무
항상 바람에 흔들렸다가
또다시 바람에 흔들리다.
계절에 관계없이…
이제부턴 장마라
몸이 끈적끈적한다
찬물에 샤워해도 감기에 들지 않는다고
집사람이 쓸데없이 이야기한다.
우리 아파트 동수는 2동
1동은 차도에 가까워 추리하다.
바깥에서 베란다 유리창을 바라보면
빨래한 옷들 너저분하게 걸려있고 아파트가 너무 낡았다.
봄에는 찬란했던 벚나무는,
바람에 흔들려 가지 채 흔들리다가도
제 모습을 취하고
바람소리 안 들릴라치면
차들이 시끄럽고
난 쉽게 피로를 느낀다

수위아저씨들이 너무 늙었다

북경의 이화원

"화장실에 가면 왼쪽머리가 아프다.
가만히 생각해보면 서태후의 침실에서 나온,
멋있는 뭇남성들은 불행히도 서태후가 만들어놓은
인공호수인 여름별장 이화원에서
토막 잘근 살해되어 물고기의 밥이 된다.
물론 이 이야기는 가이드의 설명이다."

재작년에 모더니즘이란 제목으로 시를 발표한 이래
인간사냥을 소재로 한 시들을 써온 나는 황당하게도
지금부터 백 년 전에 그런 일이 있었으니,
오늘 난 화장실에서 볼일을 보고,
담배를 피우며 모더니즘의 한계가 아니라
나의 머리카락이 백발이 되어가는,
골치 아픈 포스트모더니즘의 한계를 넘어서서,
한 마리의 까마귀가 기분 나쁘게 짖는 오전,

초가을에 서서히 접어들었는가.
연신 창밖으로 개 짖는 소리가
흐린 날씨 속에 슬프게 병행되고 있다.

애인과 비

나의 애인은 국제적인 창녀하곤 질이 다르지. 국제결혼은 하였는데 창녀완 질이 다른 것 같아. 그리고 애교성이 남다르고 글래머에다 늘씬하지. 서민이 아니고 동남아시아 왕족 같아 내가 얼굴을 유심히 바라보면 그녀 눈꺼풀 위에 바르는 화장품은 전위적인 가수 키메라나, 서양의 미녀 클레오파트라같이 겉으로 드러나지 않고 화장을 했는지 안했는지 인상을 찡그리는 폼이 여러 각도에서 팔방미인이었다.

비가 오는걸 너도 아는지
주룩 주룩 주루룩
하늘이 뱉은 은총
출근할 때 우산도 준비 안했는데
퇴근 시엔 비 맞고 집엘 가야겠네.

우울한 나날들
시가 아닌
시를 쓰는 결과를…

태양은 저기압 위에서 빛나고 하늘엔 구름만 잔뜩 끼고
신록은 푸르러 광적인 빛놀림은 하기 싫은가봐…

비는 우수에 흐르는 창백한 너의 얼굴과 나의 고독한 마음을
울적하게 하네,
착잡하게 하네
심란하게 하네

– 사랑하는 아내를 위하여

소리들이 나를 괴롭혀

출입금지出入禁止된
잔디밭에 누워
잔디밭에 누워서
떠난 너를 야속해하며 울던
그 때가 오늘 같습니다.

잔디 관리인管理人이 와도
잔디밭에 누워
잔디밭에 누워서
떠난 이에게
허물어진 내 마음을 가르쳐달라고
애원哀願하며 속 태웠습니다.

잔디 관리인管理人은
저 보고 나무라지 않았습니다.
아마도
손수건에 눈물을 적시던
내가 측은惻隱해 보였기 때문이겠지요.

복더위

1
매미우는 소리가 바람에 따라 흔들린다
매미소리가 바람의 강도에 따라 크게 들리다.
작게 들리다 때로는 울음을 그치다한다
(내가간 교토는 따뜻한 지방이었다)
나의 체온이 이렇게 안 올라갈 수도 있었다
샤워만으로도 더위를 이길 수 있었다
선풍기는 시원하다.
그러니 에어컨을 틀면 더욱 시원하다

2
여름바람 자연풍이 이렇게도 시원할 수 있을까?
잠이 모자란다
(나는 나의 화를 진정시킬수가 있다)
그러니 선풍기는 기본이요,
잠자기 전에 에어컨을 틀기 마련이다.
내일은 중복이다
지금까지의 더위는 아이들 장난에 불과할 줄 모른다
간혹 불어오는 시원한 이 바람은
산에서 불어오는 것일까, 바다에서 불어오는 것일까,
궁금하다.
(그렇다! 수면부족이다.)

슬픈 자신

나에게는 글이 있다
슬픈 글자와 자막,
흔들리는 손가락의 놀림
슬픈 눈동자.
짐승소리처럼 들리는 이명 속에서
배가 고팠다
아무하고도 이야기할 수 없었다
지금은 하늘이 흐리다
일어나기가 무섭다

딸을 깨우려면 할 수 없었다
일어나야지
목에 차거운 공기가 새어나온다

빛나는 태양
모래에 비 온다는 소식 있어
더더욱 좋아지는
오후의 한나절
시간이 지나갔는데도
난 서럽다.
전야제가 좋다.
그녀가 싫다

누군가 기다리고 있다
그건 내 자신
신이 부른 내 자신
슬픈 내 자신

까마귀

저는 창가로 무심히
파아란 하늘을 바라봅니다

내일은 장마전선이 북상하면서 모레까지 비가 온다지요
까마귀 한마리 어디서 왔는지
요며칠 사이로 혼자서 울고 있는게 처량합니다

깍깍깍 울어대는 까마귀는
웬지 제 마음속
속울음으로 여겨지고
마음이 따라 아픕니다

도로엔,
차량들이 씽씽달리고, 경음기소리 바깥에서 들려도
연지동 까마귀는 혼자 짝잃어 슬픕니다

더운 바람을 타고 들려오는
까마귀 우는소리는 어찌나 안됐는지
제 창자도 곧추서 울고 있습니다

남몰래 흐르는 눈물

너와 난 남들과 같이 평범한 사랑을 하지 않았다
그 동안 보내온 시간은 세월이 되어 흐르고 있다
난 지나간 일들을 후회하지 않는다
그리고, 앞으로도 그러할 것이다.
난, 이 세속에서 성인들의 가르침을 배웠다.
그러니, 골치 아픈 머리로 차원 높은 당신을 생각하면 견딜 수 없도록 마음 아프다
오늘은 웬지 시를 쓰고 싶다.
요즘 와서 정신적으로 시작을 게을리 하고 현실을 너무 고통스러워했다
이제 난 포기하지 않기로 했다. 시의 정수를 맛본 후 그 모든 것을 버렸으나,
이제는 내 마음과 내 자신 그리고, 내 육감을 버리지 않기로 했다

형님의 편지를 받고

슬퍼도 참아야 한다
시를 쓸 수 있다는 것이 중요하다
"이 봐요 그냥 슬퍼요"
"내게 신경을 써줄 수 없을까요"
"난 태곳적 붕새가 날다가 실추한
몸덩이에 불과해요"
잘 봐줘요 안녕!
조르지 마세요
맑은 날이 올 거예요
그렇지만,
난 복잡해요.
슬퍼도 슬프기 만한 존재가 불안해요.
바람 앞에 등불인양,
나의 방안은 모름지기 싸늘해요.

고행을 씹어가며

어느 날 문득
더럽혀진 내 모습
난 왜 두 손을 모으고
눈물을 찔끔거릴까?
마음은 급하다.
생각과 행동이 따라주질 않는다
이내 난 책상위에 쓰러졌고
차량이 질주한다
책상위에 왼팔을 꺾어 올려놓고
오른팔로 글을 쓴다
"산다는 것이 뭐냐"고
고행 이라고들 하지만
결코 고행일수 없다
"복사꽃 물위에 떠 아득히 떠내려감을"이란
저 영원한 시선의 경지에 오른
이백이 그리울 뿐이다.

시법

첫출발은 예상 외로 순탄치 않다
내일 아버님께서 귀국하신다는 낭보가 들려왔다
매미 우는 복더위
에어컨 소리 시끄럽다
숨 하나씩 떨릴 때 마다
가을은 오고 있다
연약한 스케치를
단축, 압축하여
강렬한 시어로 전환할 것이며
운율을 최대한 늘리고
의미를 압축시킨다.
명사나 부사, 형용사의 기법을 활용하여
시어로 개조시킨다

이명

교회당 첨탑 끝을 바라보다 주검의 검은 점이
목욕탕 냉탕에서 나온 나의 시야에
뚝뚝 떨어져 보인다
산을 오르다보면
우리나라 우리민족의 피한점이 마르고 말라
백두산에서 한라산까지 꽉 찼다
거짓말 같은 더럽고 수치스러운 것을
나는 애를 써가며 표현하려고 했다
그러나 그것은 세월이 지난
오랜 다음날 시대상황에서 알 것이다.
우선 소리, 감촉, 느낌,
가만히 토하는 말, 들리는 말, 표정, 뇌성마비
마침내 신경안정제투여
정신과육체의 가라앉음
(정말 약물이란 묘한 것이다)
부대낌 같은 것은 잊어버려야지
오늘도 내일도 신경 덜 쓰고
평화롭게 살아가자

초여름 실비

1
가늘고 푸근하게 실비가 내리네
이제부터 장마의 시작인 것 같다
기욤 아폴리네르의 시詩마냥
날짜도 없이
기약도 없이
인연마저 저버리는…
여인이 슬프게 떠오르고 가슴을 꼭 죄는가
그리고, 애달파 하는가
여기는 공단인데도
천둥소리와 번갯불도 없는데
그리고, 도시도 아닌데,
음향은
공구며, 철판소리, 망치소리, 전기부하소리, 지게차소리.
가는 실비는 그쳐가더니만…

2
지난 과거에 얽매이기 싫어서
추억으로
간직하면 모두가 좋아해 합니다.
모두 다 그런 것은 아니었지만

과거의 자신을 회상하면서
본연의 모습으로 떠오르는 것은
방랑하는 여행자 마냥
집으로 돌아와서도
글을 쓰니
창밖에는
유월의 실비
가늘게 가늘게 내리네.

– "비"라는 아폴리네르의 작품을 읽고 나서

썸머파티

양판을 틀어라
양판을 돌려라
산타나의 썸머파티를…
여름에는 멧고자
겨울에는 반코트
음악은 뇌리를 스치고
연주가 시작되었다
그들의 슬프고도 처절한…
태양과 강렬한 빛,
딸아이 그림 같은 인간
아니, 아가씨
슬프구나, 슬프구나.
예배당 위로 천사와 악마가 난무하는
천둥과 번개
지나간
봄비 내리는
그 들녘에
꽃은 지고 졌다
이제야 알 것 같다는 말씀이
아니 글이 나올 수 있을까?
밀밭 길을 따라서

오솔길을 지나서
보리이삭이 피고
수평선 같은 들판이 펼쳐질 때 사라지거라
고호와 고갱,
불타는 대지
해바라기의 웃음
강렬한 터치,
화려함과 눈부심 앞에
모든 것들이 지나간다
안녕! 썸머파티
오늘밤은 살 것 같다
더워도 살 것 같다.

태풍이 지나간 뒤

가을바람에 풀벌레 울음소리와
태풍이 지나간 뒤
삭막한 벚나무의 벚잎만 출렁이는가!
밤중
가을바람소리와 풀벌레울음소리를 가만히 엿듣다가
그래도 큰길의 차소리는 듣기에도 심할 정도로 시끄럽다
내가 무의식적으로 어긋나게 전구의 빛에 바랜
내목의 그림자는 사슴처럼 피 흘리며 죽어가는
가을바람을 느낀 걸까?
바람에 날리는 벚나무 잎사귀
일찍 다가온 태풍에 서걱이는건
풀벌레 울음소리와 함께
지나가는 가을바람의 한숨이었을까?

제 3 부 가을

당숙모 기일에 부쳐

내 허물어진 가슴의 한을 달래며,
펑크 난 내 마음의 응어리를 가끔씩 풀고 싶다.
시간은 아픈 터널 속을 달려가는 지하철마냥,
공간을 선회하고 있다.
걷고 싶다. 무작정 걷고 싶다고
남들과 같이 되고 싶다. 천천히…
누군가 바라는 데로 되고 싶다. 영원히…
평범하고 싶다.
아니, 보통사람이 되고 싶다.

한줌의 모래 흐르는 바람

한줄기 빛
따뜻한 체온
나의 시야에 들어오는 모든 것
사랑한다고 붙잡아 보아도
틀린 일이야
그래도 흐르는 바람
나무사이로
어머님이라고 외쳐보았다.
그러나
그러나
침묵 또 침묵
안녕 안녕 내 사랑

월출산 으악새

월출산
으악새
달빛에 젖어
대낮같이 밝다.
은풀
말총머리 같이
윤이 나게
빛바래고
새벽서리 맞으면
이름 모를 바람이
불어와
슬피 운다

딸

아름다운 음악을 들으며
너를 찾는
오랜만에 본,
황당무계한
너의 눈동자를 읽어내고는
난 너가 생각나…

우상스러운 너의 눈동자와
나의 눈동자가 마주치자마자
난 너의 얼굴을 쓰다듬는다
그러면 넌 즐겁지 아니한가!

화장

나만이
진정
그대를 원할 때
그대를
내가 볼 수 있도록
나는 마음의 거울을 가만히 꺼내어
여성처럼
화장을 한다

고백

난 가슴에 눈물을 흘리지 않으려고
무던히 애를 써.
남들은 신경성이라고들 하지
그러나 난 너희들을 사랑할꺼야.
처자식이든,
애인이던,
애인의 아들들이건 간에,
난 사랑할꺼야.
언젠가는 나는 정도正道를 가고 있다고
마침내 진실을 알게 될 거라고
천천히 사랑한다고 해야겠어.
놓치지 않을꺼야
안녕.

– 처자식에게……

詩人이 되기 위함

분진 휘날리는 지하철역에서의,
'나' 라는 사람
세기의 정적을 울리는 소리
時空은 달리고,
유리창에 나타나는 詩人이여!
내 몸은 차창의 모자이크처럼
내 옷에 육체는 하나의 그림이다.
그림자다.
오늘도 연산동 병원에 가는 길
지하철,
에즈라 파운드 『老詩人』의
詩를 읽으리라.
어차피
人生의 목적은 詩人이 아닌가!

첫사랑

사랑을 논하는 데는
부끄럼이
100%중에
1%가 있다.
맹목적인 좋아함
또는 호기심.
지극히 신경 쓰이고 단조로우나,
서로 양보하고,
점잖해야 한다는 것.
자신의 모든 것을
보여줄 수 있어야하고,
서로 사랑해야하는 마음의 믿음성과 확실성…
눈빛과 옷차림, 옷색깔, 그리고 화장술…
꾸밈없는 비웃음속에
다시 태어나려는 욕심을 버리고,
공포감
시나브로
늙는다는 것
모두가 추억속의,
안개의, 하얀 안개의 베일에
신비스럽게 남아 있을 뿐이다.

애인愛人

내 자신이 죽는다고,
실연 때문에 죽는다고,
이 노랫가락이 흐른 뒤로는,
당신을 만날 줄 몰랐소.

나의 슬픔은
떨리는 촛불과도 같으이.

만색의 뒤안길에서 울어야 했던 지난날들이
창가에 비치는 달빛과 같이,
달을 보고,
어두운 침묵으로 가라앉으면,
지금도 떠오르는 현란한 당신의 자태.

떠나간 그 잊을 수 없는 말들이
나의 눈물을 쥐어 짜내어
이렇게 우울할 줄 몰랐던 것을
나는 몰랐었네

희망

1

남들은 애인을 항상 보지만
그렇지 않은 사람도 부지기수.
얼굴도 몰라
희미한 허무의 기억을 가지고
(아니야! 태양에서 건너 왔으니까
믿을 건 믿어야지)
비행기 타고 올 때도 느끼고
시차도 있을꺼고
그럴꺼야
"그러할꺼야"하고 상상해본다

2

외로운 나를 위로해 주겠지
망연자실하게
시에 대해선 즐겁고 쾌활하지만,
태양에 대해선 고마움을 느낀다.
날이 어두워지면 눈에 선한 밝음을,
죽음의 고민과 와류에 시달리는 이 현실을
아름답고 내용물이 물씬 풍기는
그러한 사연을 딛고 일어서서 한 번 살아보았으면…

– 내가 살기위한 희망

들국화

공장의
음지에
핀
들국화
보라색으로
빛나고
마치
눈발처럼
날리는
행복이었던 것처럼
아름답구나

* 들국화 꽃말 : 상쾌

달

다라 다라 밝은다라
이태백이 놀던 다라
딸라 딸라 밝은 딸라
닐 암스트롱이 놀던 딸라

그후로도 오랫동안
온천지 달무리
보름때면
주황빛 설레는 맘

무제 · 2

사실적인 시보다는 의미 있고, 무게가 실린 시를 쓸 순 없을까? 벌써 아이들 장난같이 있는 그대로 사물과 자연을 시적으로 표현한다면, 나의 예술적 가치는 없다. 죽은 시밖에 탄생시키지 못한다. 그러나, 써놓고 괴로워할 필요는 더욱 없다. 언젠가는 포스트모더니즘이, 사실적으로 글 장난에 불과하다는 것을, 그리고, 뛰어 넘을 수 없는 벽에 다다른 것을 나는 느끼고 있기 때문이 아닐까?

만추

1
떨어진 단풍잎
여인의 농염한 립스틱 바른 입술
그녀도 그러리라
참으로 깊은 가을
날씨도 찬데…

2
쓸쓸한 가을바람
파아란 하늘아래
구름은 흘러간다
무척이나 빠른 시간은
낙엽이 흩날리며 나뒹구는 시선사이로
마음만 초조하다

3
피아노 선율 따라 가을은 깊어가고
먼 도회지 불빛위로 탄식만 가득…
낙엽은 강한바람에 휘날리고
무슨 서러움일까?
오늘은 하늘이 차다

오늘따라 음악은 나를 울리네
도대체 누구를 원망하는 것일까?
그리하여 눈물은 흐르고
"밀바"의 샹송이 한참 흘러갔다

나는 계절을 알고 있는가

깍아지른 산山과 산山
추위에 떨어
전선줄에 휑하니
빨갛게 얼어가는
늦가을의 노을
쓴소주 한잔 켕기고
손바닥 만한 상큼한
능금을 농부들이
깨물어 버린 저녁나절

슬피울며 노래하는 가수들
나혼자 느껴보는
이 늦은 가을
병든 가을을
계곡과 계곡이 벼랑을 만들고
수채화 같은 완벽한 단풍
낙엽이 바람에 날리어 뒹군다
11월은 죽음의 달
나는 계절을 아는가
알고 있는가

가을 · 1

정처없이
떠난
머나먼 방황의
기착지에서
우뚝
선 채로
흔들리며
슬프게 떨리는
무서운 혼을
보다

가을 · 2

사방을
어느새 어지럽히고
어느학교
학생들인가
지나치는
외로운 낙엽을
밟으며
흩어지는
가을이라
생각했는데,
한순간
찬 뇌리에
스쳐가는
사람들의
이야기소리
난
어느덧
쓸쓸한 이방인이 되고…

가을 · 3

푸른
바닷가
길 옆에 코스모스
기찻길 옆
찻집
고향으로 달려가는 열차는 달려가고
모래사장에는
파도
조개껍질을 그리워하며
드라이브 하면서
가족과
동해안 도로를 바라보다가
산비탈
산 위의
푸른 하늘
뭉게 구름
기찻길 자갈은 닳고 닳아
밤이온다
떠나자 우리들 고향으로

딸

태현泰賢아
솜사탕 같은
태현泰賢아
아빠가 학교學校 마중을 나가도
나오지 말라고
태현泰賢이
선생先生님
다정다감多情多感하시고
태현泰賢이
사랑스럽구나
넌 무슨 마음으로
날 가게 했을까?
태현泰賢아
키작은
요정같은
태현泰賢아

어머니

기다리던 가을 소나기가 왔습니다. 우산 속 카페의 마른 장작엔 이글이글 로맨틱한 불이 당겨지고 한잔의 소주와 상큼한 커피는 카페인으로 인한 두뇌를 흐리게 했습니다. 거리로 나서면 낙엽은 환상적으로 떨어져나가고, 가로등 아래 바람은 불빛과 심장이 멎어 버린듯한 나를 냉정하게 감싸고 풋풋한 인정은 우리를 뜨겁게 했습니다. 상념은 시를 혼탁하게하고 더럽혀진 먼지 속에 떠오른 가을하늘엔 어둠이 내려앉고 삭막한 밤기운의 서기어린 초승달은 저를 울렸습니다. 흐려진 하늘의 가슴은 다시 떠오른 태양과 같이 저녁시간이면 붉으락푸르락 물들고 저를 잊어버린듯한 어둠은 몹시나도 퇴근길에 또한 저를 울렸습니다. 어머니 사랑하는 어머니 가슴속에 저를 묻고 서서히 저는 떠나갑니다. 안녕히 가세요. 세월이 저를 기억하면 사랑한다는 말밖에 없었던 과거를 회상하면서. 안녕히…

휴지

가을바람이 불어와
낙엽이 떨어지면
보고 싶은 내님의
수줍은 얼굴
모든 것 끝난 뒤
광대뼈
핏덩어리 육차원……
사랑한다고?
거짓이었다.
약속을 어기다니
이젠 애인도 없다.
세월이여 더 흘러라.
일각여삼추요,
인생은 한 가닥 꿈에 불과한 줄은
예전부터 귀로 들어왔지만
오늘 나에게 생각나는 것은
거짓말이요, 배반이요,
슬픈 일이로다.

승리

이제부터 처절한 고통의 길을 가야하나니
하늘이여 저를 용서하소서
아무리 괴롭고 인생이 쓰디쓰더라도 난 굴하지 않으리라
하늘이여 도와주소서
마지막 그날까지 영원한 사랑을 이루기 위하여 나는 그 길을 가고 있습니다.
하늘이여 축복하소서……
난 황금이나 명예를 떠나서 그대가 나에게 가르쳐준
사랑이 무엇인가를 알기위한 우리의 이별에 찢어지는 아픔을 하늘이여 용서하소서
하늘엔 음악이 들리고 계절이 빠르게 돌아가지만
자연은 무상하고 늙음만 변함이 없으며 마치 낙엽이 분진마냥 흩어지는
뙤약볕 하늘아래 시끄러운 모든 것을 사랑하게 해주소서
저자신과 이유 있는 모든 잡념을 버리고 당신 앞에 맹세하게 해주소서
악의 무리 앞에 천사는 굴하지 않지만 영원한 자연을 품으신 그대 앞에
나는 비굴하지 않게 승리의 환호성을 들을 때까지
저를 보호하소서
하늘이여 저를 사랑하소서

가을새벽

아 신이시여!
에메랄드빛 하늘을 보니
당신이 언뜻 생각납니다.
구름도 보이고
하늘을 보니 너무너무 아름답군요.
오늘도 가을하늘을 보니
여행도 하고 싶고
떠나간 임을 생각합니다
방안에 앉아서 코스모스를 떠올리니
역시나도 대자연이신 주가 생각납니다
김소월선생님도 생각나고
라이너 마리아 릴케의 가을날도 생각납니다
저도 언젠가는 박목월선생님의 성북동 비둘기를
연지동비둘기로 쓸려고 한창 노력중입니다
오늘은 일요일 하루 쉬는 날이지요
몸에 무리를 주기는 싫은 그런 하루가 아닌가 생각합니다.
오늘은 사람들
어제는 비오고 오늘은 맑으니
사람들이 등산을 많이 할 거라 생각합니다
백로라 벌초도 딱 제격입니다.
추석이 일주일 남으니

사회 전반적으로나 경제적으로 매우 어렵습니다.
슬기롭게 이 난국을 헤쳐나아가야 하겠죠
오늘 저도 오후에 성지곡수원지 못 한바퀴
돌아야 되겠다고 생각합니다
새벽에 왜 잠이 일찍 깨이는가!
딸아이가 일어날 때까지 기다립니다.

보오들레에르

번민이여 오라!
보오들레르처럼 싸워도 보자
그대는 달콤한 꽃처럼
몰래 향기를 피우는 한 송이 장미처럼
내게 다가와 시들지라도
능욕스런 사랑은 지나가고
진정한 우리의 시의 탑은 높기만 하다
더러움과 아름다움
저 중국 석고상의 양귀비는 능욕스럽고,
몸집이 기운을 누르는 위엄스런 진시황제의
동상 아래 기죽는 관광객이여!
한량없이 낙엽은 지고 바람이 불어도
프랑스 파리의 선생님들은
강 속의 물고기마냥 파닥파닥 뛰누나
열대지방 태국은 음식에 향료가 들어가 못 먹어
볶음밥이나 빵을 먹자꾸나
아! 우리 성의 결말을 본 보들레르의 지성이여!
전부다 고래 앞에선 작은 물고기에 불과한
보들레에르의 천재성.
그 누가 신경쇠약과 실어증 같은 병질을 알아주었으리
마지막 어머니가 아니면 전부다 모르리

역시 프랑스 수도 파리의 곳곳마다는 예술자체라고 이야기했던가

그럼 위대한 너!
돈에 시달리다 성욕과 술과, 아편,
건강 걱정은 안하고 우리 시인은 역시나 용감무쌍하였구나
외길로 걸어온 인생! 그것도 인정할만하고,
역시나 도도한 천재성을 안고 오래토록
세기말의 완벽하고 크나큰 깃대를 꼽았나니
아! 그대여! 시를 그만 쓰고 싶구나
아! 아름다움 자체를 허물어버리고 싶구나

하늘

하늘에서 부르시면 저는 무작정 갑니다
하늘에서 원하면 하늘 곁으로 갑니다
하늘에서 원하면 그 모든 것을 드립니다

하늘이 원하면 죽어도 드리겠습니다
하늘이 제가 드리는 그 모든 것을 아십니다
하늘이 그 푸르름으로 저를 사랑하십니다

하늘의 그 모든 것을 원하면
하늘의 솜털 같은 흰 구름과
하늘의 아름다운 그 모든 것을 엄숙히 받아드리겠습니다

* 아! 햇빛이여
어두운 실내의 커튼을 걷어주오
어두운 실내의 커튼을 걷어주오

* 괴테가 임종 직전에 한 말.

제 4 부 겨울

오늘

하늘은 새파란데
날씨도 추워
옛적에 토했던
가슴에선 피가 올라오는데
生손가락 앓듯
빨간 피는 찔레꽃같이
아찔한 감수성과
봉숭아 꽃잎 짓찌어
열손가락에만 매니큐어를 칠한
女人을 바라보면서
하늘은 파랗게
날씨마저 추웠다

겨울비 오는 날

왼쪽 가슴뼈가 아리니
첫사랑이 생각키고
담배를 물면서 그녀 생각을 합니다
(지독한 독감인가 봐요)
혼자서 중얼거리며
비틀즈음악을 듣습니다
나는 아픕니다
제 시간에 일어나지도 못하고
일어설 줄도 모릅니다
다만 나를 낳아주신
어머님이 보고 싶을 뿐
아무 걱정도 없어요
불쌍한 어머니
나의 어머니
(왼쪽 하늘의 돌멩이 같은 한 점이여!)

대구를 다녀와서

1
가끔씩 첫사랑의 추억이 썩은 집단처럼 나뒹굴고,
태양이 비추이는 예지마저 뇌리를 썩게 만들고 있는
오후 다섯 시의 노을.
태양의 소중함은 항상 내게 희망을 주고
어느새 마음 깊은 곳에선 깊은 밤 우물 속에 보이는,
또 하나의 나처럼 마침내 깊은 심연에 잠기게 하는…

2
두 눈을 감고 신중하게 삶을 긍정하자
아니 모든 것들을 수긍해야겠지.

3
찌끈찌끈한 뇌수를 강렬한 태양에 말리우고
딱딱해진 영혼에다, 목마른 갈증에는 시원한 물을 마시자.
그러면 내 자신이 활기를 띄겠지.
희망이 떠나가는 계절의 언덕배기엔 오열을 삼키우고,
우리가 처음 만나서 이야기하고 쓴 커피를 마시면서,
진정한 삶의 무언가를 눈물로 참아가면서
서로를 사랑하고 이해하면서 잠깐 슬픔과 삭막하고 무서울 정도로
허무에 시달리던 냉정을 되찾아야겠지.

대구 시내를 걸어가면서 기분전환도 좋지 않을까?

퇴근길

퇴근길 교대 앞에서 179번 버스를 타면, 나이트클럽을 지나가는데 그 나이트클럽의 칼라사진에 붙어있는 러시아무용수의 비키니차림은 식육점의 고기를 보는 양, 징그럽기도 하고 불쌍하다. 비린내 나는 러시아 여대생의 반나체가 일렬횡대로 서있는 모습을 보고, 침을 흘리며, 꾸역 검은 욕망을 불태우는 암흑가 제비족 남성들, 아니 술 취해 흥분한 젊은 기분파 남성들, 그러나 아직도 시간이 일러 손님은 없고, 불빛만 요란하다. 그래도 많은 사람들 중에는 그런걸 좋아하는 사람들이 있는갑다. 나같이 월급쟁이는 절대로 나이트클럽에 갈일도 없다. 씽씽 달리는 버스 차창가로 스미는 차가운 바람, 버스 정류소에 내렸다가, 바쁘게, 그리고 무심히 겨울바람에 떨면서 다시 올라타는 사람들 사이로 추운 겨울은 지나가고, 어느덧 나도 목적지에 내리고, 가로등 불빛사이로 검게 비치는 보도의 나무그림자사이로 어둠을 가르고, 나의 그림자 어둡게 집과 가족으로 설레어 향하는, 슬픔이 북받치는 눈물에 젖은 눈동자. 아! 퇴근길의 외로움이여 –

독감에 걸려

사람이 울고 있다.
한사람이…
난 처절하게 울지마라고 했다.
그래도 울었다.
겨울비가 오고 있는데,
까마귀도 울고,
까치도 상큼하게 울었다.
먹구름아래 수도 없는 까마귀 떼들
날이 개자 정겨운 까치 울음소리.
사람은 웃었다. 즐겁게…
아니 미치도록 울었다.
그러나 울고 웃는 사람은 내 곁에,
내방에서 울고 있었다.
눈을 뜨니 시계소리만 들리고,
아무도 없었다

미완성

첫사랑은 소중하고 슬픈 일이지요.
알면서 사랑한다는 그자체가 슬픈 인연이지요
무수한 세월 속에 시간이 흘러갑니다
나는 나 스스로 합리화하기가 싫지요

겨울바람은 불어와…

그러나 싸늘한 내 가슴은 어둡게 달려가는
저 지하철처럼 슬픈 창가에 전등 불빛이 바랬지요.

사랑하면서 이별한다는 그자체가
조금 슬픈 것이 아니라
이 세상 모두가 슬픈 일이지요

비틀즈의 렛잇비

무너지려는 시의 벽을 막고 있는 나여!
마냥 슬프다.
비가 오니까
음악을 들으며
사고통찰하고 있다.
부드러운 노랫소리…
호소하고
이야기하고
통곡하고
미친 듯이 노래하네.
그러다 지친 듯이…
그러면서 사랑하듯이…
자기 피알하는 세상
그런 시대이니까

역시 비틀즈의 음악은 좋아

겨울

날씨가 찬데도 까치가 울고 있다
전반적으로 경기가 안 좋다.
어머님 병원에 들르니 행복해하셨다
소월시 "엄마야 누나야 강변 살자"가 떠오른다.
추위가 오는 것 같다
오늘은 영하 4도
체감온도도 바람이부니 쌀쌀하다.
그래도 오랜만에 햇빛이 들었다
집에 와서도 아프신 어머님이 보고 싶다
마음대로 안 되는 것이 병마다.
우리 엄마 병은 아무도 고칠 수가 없기 때문이다

꽃샘추위

생각하지도 않았는데
아파트 화분에 추위를 불구하고
봄을 알리는 약속이나 한 듯
참꽃이, 꽃샘추위에 가련하고
마음 아프게 소박하게 몇 그루 피어있다.
베란다 군자란도 나보다 인내심 있고,
건강하게 꽃이 피는데
이젠 나 자신도 식물과 달라져야겠다.

뉴스엔 벌써 열흘 일찍 봄이 왔다는데
일찍 핀 벚꽃은 바람에 날려 슬픈지 허무한지…

도로를 쓸어가는 차소리만 나의 귀를 울린다.
해마다 창문 바깥은 시끄럽고 황량하다.
유리창에 비치는 창백하고 슬픈 내 눈동자!
언제쯤이면 기쁨으로 충만할까?
지옥에서 천국으로 향하는 그날이 언제부턴가 몹시 기다려진다.

중국의 황사가 나라전체를 혼탁하게 만들고,
도시는 불안한 어둠으로 가라앉는다.
세상은 온통 선거열풍으로 휩싸이고,
저녁은 소음에 시달리는 나를 피로하게하다.

독감

내 몸안의
극과 극 사이에
바이러스의 활동이 보이나니
사람을 아프게 하나
그 실밥같은
가늘진 곡선같은것
회색빛 기운을 느꼈으니
이제는 감기의 정체를 알 것 같아도
감기를 낳을수 있는 길은
금연하거나
일을 할 때 무리하지 않을 것
그리고
아폴리네르같이
약해서도 안된다는 것

첫 눈

하늘 흐려
구름 가득한 날에
해는 조는 것 같다

오후엔
흰 눈이 내려
추억의 꿈자리가 아름다웠다

이 아름다운 백설엔
마음이 설레고 기쁘구나

며칠 전 제주도에 피었다던 매화꽃
눈 속에 영글은
하얀 봉우리
활짝 웃도록

눈이여
내려라
아름다움이란 아픔 속에 피어나지 않는가

옛 환우의 죽음

1

마포대교 못가서 어느 여인숙
돈으로만 육체를 내팽개치는 창녀들한테서
배가 고파 라면을 끓여 달래 먹고는
칠흑 같은 어둠이 까맣게 내린 어두운 밤들을
그 추운 날 나와 놀았던
여의도 부잣집 맏아들 창렬이가 자살했다.

그는 공부를 못해서 삼수를 했고 신경안정제를 먹던 인간이하의 중심도 못차리는 병적인 총각이었다. 부모는 돈이 많아 영등포시장통의 점포에서 달세를 수천만원 이상 받는 유지였다. 고등학생이던 동생도 양담배를 피우며 공부는 안했고, 창렬이 누나도 나이트 갔다가 새벽에 돌아오는 희한한 자식들이었다. 부모의 안방에는 무섭게 어둠속에서 포효하는 호랑이 마크의 금고를 갖고 있었다.

이때까지 돼지순대를 시장에서만 먹어왔던 내가 그의 집에 가면 소순대가 있다고 해서 가보았더니, 운전기사까지 있는 여의도의 부잣집이었다.

왜 자살했는지 그 이유는 모르지만 술집 가시내가 결혼을 미끼로 임신을 해서 유산을 해야겠으니 돈 백만원만 달라고 해서 돈이 없던 창렬이가 고민 끝에 자살을 했다는 것이었다.

아! 본능적인 창렬이가 신경안정제를 먹어 죠스 같은 눈동자를 가진 창렬이는 한없이 좋은 나의 친구였다. 이상한 웃음을 짓고 이상하게 먹을 것을 찾는 창렬이의 친구들은 병원에서나 집에서나 다 부잣집 아들들이었다. 배가 많이 나오고, 부모가 돈으로 군대마저 포기했던 창렬이가 불쌍했었다. 병명이 무엇인지도 모르고 자기말로는 이해 안 돼는 이야기를 하던 창렬이, 내가 병원에 가서 다시 찾았던 창렬이는 수위아저씨가 조심스런 말투로 손가락으로 쉬하던 어느 겨울날이었다.

2

죽지마라 이친구야

자기 아버지가 부자인 친구, 포커게임도 가르쳐주고 훌라도 가르쳐주던 친구. 자기가 가고 싶어 하는 독일 유학을 부모로부터 포기 당하고 문지방에 목을 매 자살한 동생뻘 되는 친구

매화와 등산

이제 어린이대공원 입구에 황홀하게도 매화꽃이 피었다
지난 겨울이 의심스럽게도
계절의 변화는 무던히 고상함을 뽐냈다고나할까
너를 대함이 아래께 마신 처갓집 매실주가 생각키고
이제 쌀쌀한 봄비에 에즈라파운드의 싯귀가 떠오르는군…

도박이라는 해로운 독충이 파다한 이 세상에
겨울등산이란 매우 어렵고 힘들었지만 뒤끝은 아름다웠지
누구나 겨울등산을 하고나면 굉장한 환희에 사로잡힌다고 이야기하지
연짱 이틀이나 사흘씩 하게 되면 정말 이루 말할 수 없이 행복하지

어린이대공원 위로 한 바퀴 걷다가 내려오면
매화는 정말 작은 솜사탕이나 흰 옥수수 박상을 튀겨놓은 것처럼 고결하고
하얗지 않겠는가…

검은 매화나무는 걸어가는 나의 시야에

한편으로는 그쪽으로 완전히 쏠리는 나에게
이미지즘의 한 대목이 나의 시야에 지나가는 것처럼
걸어서 걸어가면서 오늘 이 봄비만 그치면 하고,
더욱더 성숙한 너를 또다시 볼 수 있겠지 하고 집에 있노라면…

아! 싱그럽고 지루한 봄비는
맹호연의 새벽잠과 같이 바람은 꽃잎을 지게 하지만
기다림이란 묘한 거라
소리 없이 내리는 봄비에 빗물을 흡수하여
다음 등산길에는 몽아리만 보았다던 매화를
아내에게 저것보라하면서 매화가 정말 피었지 하고 이야기할 때까지
지금쯤 아름답고 순수한 마음으로 너를 생각하구나
아! 고결하게 피어있노니 생각하면서…

완전한 봄은 추위와 더욱, 신선함, 따뜻함…
꽃샘추위와 같은 아픔을 딛고 일어나서야 꽃을 보이게 하지만
저쪽 피안의 세계는 나 몰라라 모두 다 그렇겠지 아니 그렇겠는가…

첫눈이 내리는 날은…

나의 가슴에 새빨간 피를 뿌리고 싶다

아!
떨어지는 모란꽃처럼
함박눈이
춤추며 나리는 오후.

태양은 곤하게 잠들고
왠지
도둑고양이 마냥
주인의 눈치를 보면서
몰래 마음을 달래고 싶다.
그리고
술 한 잔 되어
또다시 태어나는 그 순간까지
사랑하면서
춤추고 싶다.

| 산문시 |

애인과 마누라

오월五月의 유혹誘惑

| 작품 해설 |

권철 시詩의 몇 기지 경향과 앞으로의 전망

애인과 마누라

애인과 마누라는 애인은 높은 단계로 여겨지지만 사실은 마누라만 못하다.

조강지처가 제일이지만 난 시간이 갈수록 떨리고 초조하다.

애인과의 시간은 짧지만 마누라와의 시간은 길다. 이제 와서 난 앞을 보는 예언자도 아니고 한사람의 필부로서 마누라와의 세월이 애인과의 세월보다 더욱 진하다는 걸 "피는 물보다 진하다"는 옛말로서 대신하여 마누라가 더 현실적이고 사랑스럽다.

다 나의 어리석음이자 못난 사람의 행동으로 보기에는 여간 어려운 것이 아니고 사랑이란 야속하여 애인이 더 예쁘고 사랑스럽다는 것이 가족들에게는 배신적인 독단이라는 것도 잘 알고 있다. 문학도 거짓말마냥 "말이 천리 간다"는 옛말이 있듯이 나는 가족에게는 헌신하고 애인에게는 조심성이 앞선다. 그러나 난 애인에게서 상당한 것을 요구한다. 이것은 나의 미숙함을 남들에게 내보이는 것과 같다. 그렇다! 오랜 기다림과 방황, 외로움 같은 것들. 그리고 마누라를 보면 이래선 안 되겠구나 하고 마음을 가족 쪽으로 돌리고 사람답게 살고 싶지만 애인도 보고 싶고 소중한 것처럼 문학을 하는데 있어서는 절대적인 영혼을 얻기 때문이다.

둘이 아니라 애인과 마누라는 다 사람의 욕심 때문이 아닌

가하고, 생각하기에는 나의 인생이란 귀중한 삶은 내게 있어서는 아직까지도 애인과 마누라의 문제는 나에게는 참 이른 판단이라고 여전히 생각하기 때문이다.

참 답답하다. 포기해야지.(너가 무언데 그런 나쁜 생각을 품고 있는가 하고 남들은 나를 보고 손가락질하고 쌍욕을 할 것이다.)

그래도 마누라와 애인은 소중하고, 두 사람 다 현실적이고 추상적이다. 어느 하나 놓쳐서는 나의 인생은 쾌락과 뽐내기 자랑인양 처절하게 쪼개져서 심판을 받을 것이다.

"늙을수록 욕심이 많아진다"는 셰익스피어의 글귀가 생각나 "늙음이란 정말 추한 것이구나"하고 생각나 소름끼치고 두려울 따름이다.

모든 것은 "무에서 유를 창조하는 것" 거스럼없이 자유로운 것을 詩에서 나는 대담하고 평범하게 찾으려한다.

아니야, 개미처럼 일하는 것, 노동성과 노력하는 것 앞에서는 행진만이 있을 뿐이다. 텔레비전의 신화창조의 비밀이란 TV의 시간이 있지않는가! 하고, 나 스스로 반문하여 나 자신을 일궈내는 것을 나는 사랑한다. 애인과 마누라는 서로가 서로 모자라고 나의 사고에 비치는 현실적 감각을 총동원하여 "사랑"이란 두 글자에서 이뤄지는 것이 아닌가! 현실적인 사랑과 비현실적인 사랑(eros)*을 내포하고 있다는 걸 새삼 내가 느끼고 있는 것일까? 아무튼 성실하고 내실 있게 마음을 먹으면 구분하여 역시 마누라가 제일이다.

그리고 생각하기 싫은 애인도 잊어서는 안 되는 이율배반적인 골치 아프고 고통스러운 삶속에서 애인과 마누라를 포기하지도 못하고 "집토끼도 못 잡는 것이 산토끼를 잡으려하다니"

하는 소리도 들었다. 다 세상만사 마음먹기에 달렸으니 이런 생각도하고 다 호강에 바쳐서 그렇다고 마음을 편하게 먹는다. "다 어른을 잘 만나서 그렇다"하는 독립적인 사고를 허물어뜨리는 생각도 버려야할 것이며, 성인들께서 내세우신 자비慈悲, 사랑, 인仁을 실천함에 있어 반드시 생각도 조율될 것이고, 애인과 마누라도 도끼로 장작 패듯이 쪼개어질 것이 확실함에 나는, 나의 이성이 고매하게 정당성을 갖고 현실적으로 타당성 있고, 간접적으로 보아도 보편타당성 함에 자신감을 갖고 현실은 이중으로 고통과 행복이 따르고, 지옥과 극락이 오고가는 모든 관계의 대비성을 주목하여 자신을 사랑하는 애인과 마누라를 일단을 이쯤에서 접어보자.

그렇다! 애인은 나에게는 첫사랑이고 실연을 안겨주기도 했지만 약속한 시간과 공간이 다가오지 않는가! 그러니 애인과 마누라는 희비성이 오고가고, 만감이 교차하고 있다.

벚꽃이 흐드러지게 피었으니, 이제는 성숙하게 점점 사고가 커가는 나의 자신을 사랑해야지.

* Eros : 그리스의 여신 아폴로디테(비너스)가 사랑한 천사를 일컬음. 사랑의 화살을 쏜다고 함.

오월五月의 유혹誘惑

어느덧 오월五月의 장미薔薇는
담벼락에 붙어서
불타는 듯한…
그대는
가시에 찔려
붉은 피가 똑똑 흘러도
향기香氣에 취해
향기香氣에 취해
꽃에 다가갔다

그날 이후로 난 피로감에 장미꽃을 보아도 "붉구나"하는 그 생각 밖에 나지 않고, 빨간색 립스틱 바른 여인女人이 더 아름답고 색정적色情的이었다. 꽃의 이념理念으로 다가갔다. 모습, 향기香氣, 가시 등등...... 오늘도 퇴근退勤길에 산업도로産業道路 담벼락에 핀 오월五月의 장미薔薇를 피를 토하듯이, 토해 내련다. 그 붉음과 정열情熱을 꺾으려다, 가시에 찔려, 피를 흘리는, 어려서부터, 보아온 장미薔薇를 닮은 아가씨 두 사람을 보았다. 차車타고 가거나, 길을 걸을 때, 요즘 아가씨들은 다 그렇구나(그러나 그렇게 아름다운 여인이 장미꽃보다 아름다운 여인이 불쑥 내 눈에 들어온 건 기쁜 일이다) 나는 그저 담담淡淡하게 바라볼 뿐 아무 상관없는 눈치로 그 얼굴 빼족한 여인들을 지나갔다. 오늘도 아니 오늘은 퇴근길에 장미꽃을 보고 시詩를 써야겠다. 여인女人들의 초상肖像까지 빨갛게 피어난 담벼락에 피를 흩뿌리는 신경神經을 쓰는 일은 너무 피곤한 오월五月의 하루다. 아니야, 오늘은 저 곤두박질하는 향기香氣에 취醉할거야. 코에서 양미간까지 어리둥절했던 "나의 어린 시절" 정원庭園의 장미薔薇꽃과 산업도로産業道路의 장미薔薇꽃은 같을 것이다. 나는 이렇게 마흔 줄에 가깝고 그 때는 고작 초등학생超等學生이었다. 오월五月은 생기生氣발랄하다. 무언가 소리 지르고 함성喊聲이 터져 나온다. 한두 군데가 아니다. 여러 모든 곳이 살아있다. 난 소리 나는 것에 더 흥미興味를 당연當然히 느낀다. 죽음은 들리지 않는데 삶은 오월五月에 소리를 낸다. 나무도, 공구工具도, 새도 저 바깥엔 한창 생기生氣가 솟는 봇물이 터졌다. 모든 곳에서 소리가 들린다. 이 소리만이 자연自然에 순응順應하는 것이고, 모든 것을 살아있게 하는 것이다. 그러나 나는 조용冑鏞하다. 그 소리들을 글로 옮기기 위해서 말이다. 굉장宏壯한 물기둥이 솟아오르듯이 정말 고맙고 활동活動적인 유혹誘惑의 계절季節이다.

붉은 장미薔薇를
나는 보았다
멀찍이 향기香氣도 잊은 채
담벼락에 붙은
너의 정열情熱을
나는 보았다

차車가 달리고
사람들이 지나가도
그 누구도
장미薔薇 이야긴 안 하는 것 같다
나는 내가 부럽다

권철 시詩의 몇 가지 경향과 앞으로의 전망

김 진 택

1. 산문시

요즘 발표되는 시들은 대부분 산문시다. 얼핏 몇 편을 옮겨본다.

> 분명 저 여자는 그 동그란 입술을 재빨리 닫지 못했던 것 같다. 삽시간에 그 육체의 더운 내용물이 흘러나와 버렸으니
>
> –송씨

> 후영후영 소음이 울어대는 건물 옆에서 독수리가 날개를 펼치고 난 뒤 달빛이 조그맣게 흐르는 기울어진 원주사이로
>
> –최씨

> 낫이 묻어두고간 바람은 마차산 꼭대기에서 웅웅거리며 몰려왔다. 그때마다 밤은 냉혹한 검은 손바닥으로 닥치는데로 후려치면서
>
> –김씨

일어설 수가 없습니다. 내 몸의 반은 썩어 푸른곰팡이가 번지고 있습니다. 오른쪽 뇌는 굳어 단단한 돌멩이가 되었고 오른쪽 팔과 다리는 무겁기만 합니다.

–채씨

참치는 섬광처럼 난바다의 비밀을 엿보이며 입안에 녹아들고 난 충전된 혀의 손아귀로 이 순간 삶의 심연을 붙잡는다.

–유씨

가끔 담배를 사고 그냥 두고 나온다. 아니면 담배대신 거스름돈을 놓고 나온다. 방금 만난 친구도 생각이 안 난다. 기껏 누구를 만나 것 같은데…

–이씨

꽃보다 강렬하게 유혹하건만 창가에 뻗어 오른 나무만큼도 아름답지 못한 여자들이 짙은 화장을 하고 지나다니는 거다.

–김씨

위의 시들을 읽고 나서의 느낌은 소설이나 수필의 문장이나 별로 다르지 않다는 거다. 물론 자세히 읽어보면 문장의 내용에서 혹은 사용된 어휘에서 시적인 감을 잡을 수 있다. 이쯤에서 권철 시인의 시를 한편 옮겨보자.

–전략– 이제 와서 난 앞을 보는 예언자도 아니고, 한 사람의 필부로서 마누라와의 세월이 애인과의 세월보다 더욱 진하다는 걸 "피는 물보다 진하다"는 옛말로서 대신하여 마누라가 더 현실적이고 사랑스럽다.

다 나의 어리석음이자 못난 사람, 사람의 행동으로 보기에는 여간 어려운 것이 아니고 사랑이란 약속하여 애인이 더 예

뻐고 사랑스럽다는 것이 가족들에게는 배신적인 독단이라는 것도 잘 알고 있다. 문학도 거짓말 마냥 "말이 천리 간다"는 옛말이 있듯이 나는 가족에게는 헌신하고 애인에게는 조심성이 앞선다. -후략-

권철의 이 시는 먼저 소개한 이 땅의 시인들의 싯귀보다, 더욱더 조직적이고, 심지어는 친절하기까지 하다. 따옴표를 곁들여서 논리를 보강하니 말이다. 이러한 산문적 서술의 경향은 권철의 전시를 관통하고 있다. 이는 권철 시의 가장 큰 특징이며 동시에 커다란 장점이며 더 나아가서는 한계이기도 하다.

그럼 이러한 경향의 원인은 무엇인가? 인간이면 대부분 자신의 삶을 비극적으로 생각하며 농담으로 "나의 지난 얘기는 장편소설 열권으로 모자라"하고 말을 하기도 한다.

권 시인도 내면의 고통이나 희망 같은걸 표현하는 데는 "산문"이 필요했으리라 추측한다.

2. 고달픈 현실과 불투명한 미래에 대한 두려움

작은 제목을 달고 보니 필자역시 권철시인의 스타일과 같이 글이 길어졌다.

* 사람이 울고 있다
* 진정으로 눈물이 무언가 알 때까지
* 살아서 끊이지 않게 들려오는 나를 죽이는 소리
* 사실적인 시보다는 의미 있고 무게가 실린 시를 쓸 순 없을까?
* 내가 그대와 실연을 해도

* 외로운 나를 위로해 주겠지
* 슬퍼요. 비가 온다는 건.
* 휴지가 되어버린 나의 연약한 시편들이여
* 제 창자도 곧추서 울고 있습니다.
* 내일은 당장 정처 없이 떠나야겠다.
* 소리들이 나를 괴롭혀
* 비를 맞은 채 울고 있다.
* 먼 울음소리만 기억에 남은 채 이명의 뒤끝만 괴롭고
* 불쌍한 어머니, 나의 어머니
* 햇병아리 같은 공포감을 느끼며
* 조용히 죽고 싶어

위에 소개한 싯귀들에서 자수 추몰 하는 단어들이 역시 죽음이나 질병 혹은 고독, 소통되지 않은 이유들, 장래에 대한 불안, 죽음에 대한 유혹 들이다.

이러한 어휘들이 많이 등장하는 건 한마디로 지은이의 삶이 예사롭지 않다는 것이다. 물론 '엄살이다' 라고 하면 할 말이 없지만 말이다.

그렇다. 우리는 일상에서 이러한 나의 어려움을 알고 모르게 토해놓는다. 그러고 나면 마음은 어느덧 평정을 되찾게 된다. 그러다가 어려움이 생기면 또 시를 쓰고 말이다.

이 글을 쓰면서 언 듯 머릿속에 드는 생각은 쇼팽의 음악을 들을 때마다 어떤 슬픈 감정에 몰입이 된다. 그리고 어느덧 나의 슬픔이 많이 가시게 된다. 그렇듯 권철시인의 시를 읽으면서 한편으로 매우 담담해지고 또 한편으로 마음이 정화된다.

가슴에 응어리진 슬픔은 누구에게 이야길 해서 풀어야하는 것이다. 그런 의미에서 권철시인은 자신의 슬픔이나 어려움은

시를 쓰거나 발표함으로서 해소시키거나 견디고 있는 것이 아닌가.

이런 슬픈 감정은 인간이 가진 보편적인 정서이기에 이 글을 쓰는 본인도 기꺼이 공감하고 있다.

3. 권철 시의 잠재력과 전망

언젠가 근래에 쓴 시라고 하면서 초고 한편을 편지로 보내온 적이 있다. 그 전문을 소개한다.

다라 다라 밝은 다라
이태백이 놀던 다라
딸라 딸라 밝은 딸라
닐 암스트롱이 놀던 딸라

그 후로도 오랫동안
온천지 달무리
보름 때면
주황빛 설레는 맘

—시「달」전문

이 시를 읽은 후 나는 "딸라 딸라 밝은 딸라"라는 싯귀를 외우고 다녔다.

이 몇 줄은 정말 권철 시의 가장 빛나는 부분이 아닌가 한다. 인간은 물론 개인적인 인간이지만 동시에 남과 어울려 서로 소통하는 인간이기도 하다.

시인의 시선이 개인에서 벗어나 사회로 확대되어야 하는 게 아닌가 생각된다. 그리고 이제는 성인이 불혹이라고 비유했던 나이도 넘었으니 삶과 풍경을 관조하는 그런 경지를 가져야 할 때가 된 것 같다. 이렇게 시야를 확대할 때 더 좋은 시가 나올 것이다.

다라 다라 밝은 다라.

이렇게 지적이고 탄력 있는 말들을 더욱더 갈고 닦아 자신의 시적 지평을 넓혀가는 권철시인이 보고 싶다.

창 밖을 보면서

발 행 | 2010년 10월 5일

저 자 | 권 철
발행인 | 최장락
발행처 | 도서출판 두손컴
등록번호 제329-1997-13호
부산광역시 부산진구 부전2동 526-12 삼성B/D 301호
Tel: (051) 805-8002 Fax: (051) 805-8045
전자우편 : doosoncomm@hanmail.net

값 8,000원

잘못 만들어진 책은 바꾸어 드립니다.

ISBN 978-89-91674-71-4-03810